AF224600

LES

COLONIES

DEVANT

LES CHAMBRES

Ceci est une œuvre de
bonne foi.

SE VEND

A la Librairie du N° 47 de la rue Pigalle

LES COLONIES

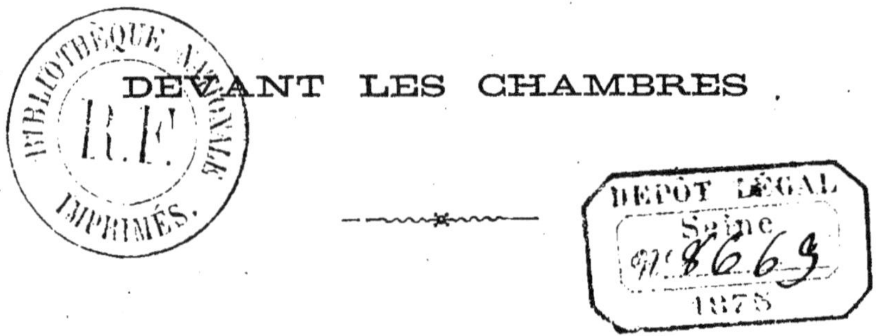

DEVANT LES CHAMBRES

La participation des Colonies à la vie politique des Métropoles est certainement l'une des questions qui devraient le moins diviser les esprits sérieux et sincères. Il est en effet un principe que l'on retrouve dans l'histoire de tous les temps, comme une loi nécessaire à toute organisation nationale bien équilibrée, c'est que les Colonies lointaines, qu'elles proviennent de la conquête, d'une prise de possession ou d'un abandon volontaire, doivent être régies par des lois particulières.

Il serait oiseux et puéril de remonter, pour cette démonstration, aux temps antérieurs à l'ère chrétienne. L'histoire moderne y suffira. Il n'est pas un peuple, même de ceux dont la puissance est toute coloniale, qui se soit affranchi de cette règle absolue. La Hollande, l'Angleterre, l'Espagne, pour n'en citer que trois, ont donné, aux immenses territoires et aux innombrables populations qu'elles possèdent au loin, une vie propre et absolument distincte de la leur. Elles se sont scrupuleusement gardées d'une intrusion qui se serait bientôt convertie en effacement ou en abdication.

En France, nous avons changé tout cela. Dans ce malheureux pays si déchiré déjà par les factions, où les constitutions peuvent se faire à une voix de majorité, nous avons appelé les Indiens du golfe du Bengale, de la côte de Coromandel, d'Orixa et de l'Ouest, aussi bien que les Africains ou descendants d'Africains arrachés d'hier à l'abrutissante loi de l'esclavage, à partager, avec nous, les droits et les austères devoirs du citoyen et à nous dominer de leurs votes.

La matière à traiter est d'un intérêt capital. Dans quinze jours s'ouvrira le débat sur la loi qui sert de base à notre organisation politique. Plus d'un organe de la publicité a déjà touché à cette grave question. Entre tous, deux des journaux les plus accrédités par la sûreté et la modération de leur polémique, la *Patrie* et le *Paris-Journal*, ce dernier par la plume d'un éloquent et courageux publiciste, M. Henri de Pène, ont énergiquement soutenu que les colonies n'avaient aucun droit à légiférer sur les destinées de la France. Nous ne prétendons dire ni faire aussi bien qu'eux. Peut-être même cet écrit n'est-il qu'un ressouvenir et un inconscient écho de leurs excellents articles. Mais nous ne visons ni à l'originalité ni à l'invention. Notre seul but est de faire une monographie de la matière et de réunir des éléments épars, pour l'étude approfondie d'un sujet jusqu'ici peu fouillé, et dont l'importance a malheureusement été toujours méconnue. Grâce à Dieu, nous ne pratiquons pas l'égoïste philosophie de Fontenelle. Quand nous croyons avoir les mains pleines de vérités, nous les ouvrons.

L'accession des Colonies à la vie politique de la France date de la première République. Elle n'a laissé d'autre trace, dans l'histoire de l'époque, que la plaisante apostrophe de Mirabeau au président de l'Assemblée qui voulait donner la parole à Saintrac, député de la Guadeloupe, connu de ses collègues par son mutisme habituel : « *Comment lui donneriez-vous la parole quand Dieu la lui* « *a refusée.* »

La représentation coloniale subit ensuite une éclipse de près d'un demi-siècle, pour ne reparaître qu'en 1848. On sait ce qu'elle produisit alors. A côté de noms qu'honorait une vie consacrée tout entière à la généreuse idée de l'abolition de l'esclavage, elle nous donnait, à son début, les fruits les plus étranges.

Est-ce à cette première épreuve que fut due sa suppression ? Toujours est-il qu'elle fut bientôt effacée de notre organisation politique. Par qui ? Par un gouvernement qui posait, comme pierre angulaire de l'édifice social et comme sauvegarde de sa dynastie, le suffrage universel et la forme plébiscitaire. Et pourtant, c'était à l'une de nos plus importantes Colonies, c'était à la Martinique que se rattachait le plus sympathique souvenir du premier Empire. C'est là qu'était le berceau de l'Impératrice Joséphine. La statue en pied de cette gracieuse souveraine figure encore au centre de cette magnifique promenade de Fort de France qu'on appelle la Savane. L'action du second Empire était là, toute-puissante, aussi bien que dans nos autres Colonies. La Martinique fut néanmoins exclue, comme toutes nos possessions lointaines, du suffrage universel. C'est que la raison et le bon sens avaient dominé l'intérêt et les sentiments d'affection et de famille.

Comme il est dans la nature de la représentation directe des colonies de naître dans le trouble et au milieu des agitations, le coup de main de 1870 devait la rétablir. Un trait de plume du gouvernement issu de cette révolution lui rendait la vie, et c'est par un simple décret pris d'initiative et sans discussion, que cette grosse question fut vidée.

La représentation directe dont nous jouissons est donc, *à priori*, un fait révolutionnaire. Le décret qui l'institua est tout au moins aussi illégal que celui qui établissait des catégories d'éligibles et qui fut brisé par la délégation de Bordeaux. L'un procédait par voie d'adjonction, l'autre par voie d'élimination. *Le Gouvernement de la* DÉFENSE NATIONALE commettait là une flagrante usurpation. Il convertissait en pouvoir constituant une attribution définie qui n'avait été consentie et reconnue que par un généreux effort de patriotisme.

L'Assemblée a-t-elle effacé ce vice d'origine par des résolutions postérieures ? Appelée à valider les élections coloniales et à s'occuper des actes du gouvernement de la Défense Nationale, elle a jeté, sur ce décret, comme sur beaucoup d'autres, ce voile indulgent et discret dont on couvre d'ordinaire un passé douloureux et les faits accomplis. Mais il n'y eut alors ni l'examen ni la discussion qu'exige une loi organique. Il ne va plus s'agir cette fois d'une sorte de quitus momentanément délivré à un pouvoir usurpateur. C'est la Constitution même du pays qui va se débattre.

La question est dès lors entière.

Que n'a-t-on pas dit du suffrage universel appliqué à la France continentale ? Voici le langage de ses détracteurs :

« C'est la puissance sociale mise aux mains du nombre. *Turba*
« *ruit :* les foules se précipitent, tantôt *ad servitutem*, comme dit
« Tacite, tantôt vers l'anarchie et le chaos. Aujourd'hui la sagesse,
« demain la folie : ni règle, ni mesure. Les foules n'ont que des
« instincts : elles vont aveuglément au bon et au mauvais, plus
« souvent au mauvais qu'au bon. Elles souffrent, donc la société
« est mal faite; il faut jeter bas la statue et la repasser au creuset.
» Elles ne veulent rien des traditions du passé, cette sagesse accu-
« mulée des siècles : elles ont des programmes qui ne tiennent
« aucun compte des fatalités humaines, et poussent le principe de
« l'égalité jusqu'au dédain des lois inéluctables de la nature. »

S'il était vrai qu'il en fût ainsi en France, le pays de l'unité territoriale, où la population est homogène et sort d'une seule et même souche ; où la vie politique est entrée depuis longtemps dans l'éducation de tous et de chacun, que ne pourrait-on pas dire alors du suffrage universel appliqué aux Colonies ?

Sans entrer dans des détails propres à chacune de nos Possessions lointaines, il faut bien reconnaître, comme généralité, que, dans toutes, les populations n'ont aucun des caractères qui distinguent celles de la France. Ni homogénéité, ni unité. Ou elles sont indigènes, sorties du sol même, comme dans l'Algérie, l'Inde, la Cochinchine, les Marquises, la Nouvelle-Calédonie, ou elles ont, à l'origine, été importées d'Afrique, sous la dure loi de l'esclavage, et, plus tard, de l'Inde, sous le régime des engagements, pour satisfaire aux impérieux besoins du travail et de la culture. Du mélange de ces races avec l'élément européen est née, dans les anciennes Colonies à esclaves particulièrement, une population hybride dont l'importance ne saurait être méconnue. Au milieu de ces foules, et comme noyé dans le nombre, est d'abord le descendant du Français actif et entreprenant qui, au début de la colonisation, a transporté au loin ses pénates et y a fondé la famille. C'est le créole qui a fait souche et fécondé la terre par son industrie. A côté de lui est l'Européen qui, par suite du mouvement des affaires et des entraînements du commerce, s'est fixé dans ces lointaines contrées ; puis, brochant sur le tout, est l'ensemble des fonctionnaires envoyés de France pour l'administration et la garde du pays.

Tel est l'élément européen proprement dit, auquel se juxtaposent, avec des droits égaux, sans précisément s'y confondre, les noirs affranchis de 1848 et toute la population de sang mêlé.

C'est là que réside la puissance électorale.

Les populations autochthones et les Indiens importés dans les anciennes Colonies à esclaves sont exclus du suffrage universel, sauf une exception que nous aurons bientôt à signaler.

Les distinctions que nous venons d'établir dans l'élément européen pourront paraître peu conformes au principe d'égalité, mais
elles naissent forcément du sujet lui-même et ne sauraient être
écartées de la discussion.

Il n'y a pas à s'occuper ici de la question au point de vue de
l'Algérie. Cette vaste possession, située à quelques centaines de
lieues du continent français, en regard de nos côtes, avec sa nombreuse population européenne presque exempte de mélanges
hybrides, a toujours été considérée comme une sorte de prolon-
gement de notre sol ; c'est pour ainsi dire un département français
en terre africaine.

Il n'en est pas de même des autres Colonies. Six cents lieues
pour le Sénégal, quinze cents pour nos possessions de l'Ouest,
trois et quatre mille pour celles de la mer des Indes, tel est
l'abîme sans fond qui nous en sépare.

Entrons dans les détails. Nous les bornerons au strict nécessaire. S'il fallait donner à cette discussion tous les développe-
ments qu'elle comporte, les feuillets d'une brochure n'y suffiraient
pas ; il y faudrait un livre.

TABLEAU DES POPULATIONS.

Martinique.

Population entière. 150.695
Electeurs. 29.841
A droit à deux députés et un sénateur.

Guadeloupe.

Population. 152.316
Electeurs 29.375
Deux députés, un sénateur.

Réunion.

Population. 182.676
Electeurs. 31.650
Deux députés, un sénateur.

Sénégal.

Population. 201.012
Electeurs 4.277
. La population maure est exclue des droits poli-
tiques.
Un député.

Inde Française.

Population. 266.784
Electeurs 47.424
Par exception, les indigènes sont admis au suf-
frage.

Guyane.

Population. 24.127
Nombre des Electeurs 5.376

Tous ces chiffres sont officiels et hors de toute contestation. Il n'en saurait être ainsi de ceux qui vont nous servir à déterminer la part afférente, dans l'exercice du droit de suffrage, aux différentes catégories de la population. L'égalité qui est la base de l'ordre civil, dans les Colonies comme en France, n'a laissé, dans les actes publics, aucune place à de pareilles distinctions. Mais nous croyons être dans le vrai, en donnant ici, d'une manière approximative, la proportion du chiffre de l'élément blanc, au regard de l'élément noir et de couleur. Cette proportion, dans les trois grandes Colonies de la Martinique de la Guadeloupe et de la Réunion est, en moyenne, comme 1 est à 6 ; à la Guyane comme 1 est à 15 ; au Sénégal comme 1 est à 24 ; et dans l'Inde comme 1 est à 266 :

Ce qui équivaut à dire, que, pour la dernière Colonie en particulier, la proportion de l'élément Européen est nulle et sans valeur.

L'étrangeté du chiffre relatif à l'Inde est bien faite pour surprendre. En voici l'explication. Par dérogation au principe qui exclut les autochthones, l'Inde française vote *par les Indiens*. Les blancs et les hommes de couleur dits *Topas* sont au nombre de 7 à 800. La population indigène s'élève au chiffre de 266, 784, a insi qu'on l'a vu plus haut.

Quel est donc ce mystère ? peut-on s'écrier. Les 1,500,000 Arabes qui sont en Algérie, aux portes de la France ; les 190,000 Maures du Sénégal n'ont aucune part à la vie politique de la France. Cette exclusion est certainement logique et sensée. Pourquoi ne 'applique-t-elle pas aux Indiens de Pondichéry, de Chandernagor, de Karikal, d'Yanaon et de Mahé ? Pourquoi ? On n'a jamais pu savoir. Malgré nos recherches, nous ne sommes point parvenus à débrouiller cette énigme.

En effet, l'Inde est plus que nul autre un pays d'exception. Sa civilisation est vieille comme le monde et séparée de la nôtre par un abîme. Notre société, au point de vue civil et politique, a l'égalité pour base. La société indienne est essentiellement aristocratique, théocratique et inégalitaire. A son sommet est le brame, ce demi-dieu du paganisme ; au bas de l'échelle le paria : dans l'entre-deux, un fractionnement infinitésimal de castes impitoyablement hiérarchisées, où chacun se cantonne dans un formalisme stupide qui tue toutes les volontés et toutes les intelligences. La loi de Manou, qui gouverne ces populations depuis 2,600 ans et que nos magistrats appliquent tous les jours, est cent fois plus antipathique à nos mœurs que le Coran. Pour l'Indigène, qu'il soit sectateur de Siva, de Vichnou ou de Brama ; qu'il soit Musulman Sunni ou Chia, l'Européen est un paria ou un feringuy. A part quelques centaines de natifs qui ont passé par les écoles de la Mission, l'Indien est aussi étranger à notre langue et à nos usages que peut l'être le Botocoudos ou le Comanche des Pampas. Toute la politique de l'administration française, depuis la prise de possession jusqu'en 1870, a toujours été de respècter et maintenir le Mamoul, c'est-à-dire la loi du pays. La loyauté nous en faisait d'ailleurs une obligation étroite. Un pacte existe entre ces populations et la France. Elles se sont données à nous sous la condition expresse que nous respecterions scrupuleusement us, coutumes et religion. Jamais leurs vœux n'avaient été au delà, jusqu'au jour où la déplorable manie d'assimilation qui est l'un des caractères spécifiques de l'esprit révolutionnaire est venue s'imposer, introduisant brusquement, dans cette vieille organisation sociale, des principes absolument contraires à sa nature.

Le mince territoire de l'Inde française, qui représente quelques lieues carrées à peine, s'enchevêtre, par une multitude d'enclaves, avec l'immense territoire de l'Inde anglaise. Là se développe la civilisation indienne dans toute son originalité native. Contraste étrange qui ne fait pas le moindre des étonnements éveillés, chez nos voisins, par la vie politique de la France.

Ainsi, de par la loi qui nous régit, la France a un député et aura bientôt un sénateur, produits tous deux d'une élection *purement indienne* qui viendront peser, pour leur part et portion, sur les destinées de la Métropole !!!

Inconséquence, contradiction, fantaisie et inexplicable caprice de l'assimilation !!!

La représentation directe des anciennes Colonies à esclaves, n'a point, il faut le reconnaître, un caractère aussi tranché. La proportion de l'*élément européen proprement dit*, élément qui est le nôtre, il est bon de se le dire, car il faut être bien un peu de sa race, n'est plus ici comme 1 est à 266. Mais toute réduite qu'elle soit, elle laisse une ample place à l'écrasement. La lutte n'est même plus tentée ; l'impuissance est tellement évidente aujourd'hui que la population blanche s'abstient généralement de prendre part aux votes.

A qui appartient dès lors le triomphe des urnes ?

A la population de couleur dont il est juste de dire qu'elle a singulièrement grandi par l'éducation et la moralité.

Le triomphe appartient surtout aux noirs affranchis de 1848, ces derniers formant la masse la plus compacte de la population.

Que sont ces maîtres du suffrage ?

Sont-ils bien ce qu'on doit désirer pour les dépositaires de la souveraineté? Forment-ils le peuple fait pour se gouverner lui-même et choisir ses représentants ?

Incedo per ignes. Nous touchons ici à un terrain brûlant, aux préjugés de race. Ont-ils disparu sous l'évangile nouveau ? Il

serait bien téméraire de l'affirmer ; ce serait méconnaître les lois
fatales qui régissent l'humanité. *Intus et in cute* : comme la lèpre,
les préjugés de la peau envahissent les corps et les âmes ; ils se
transmettent avec le sang et par l'hérédité. Quelques années ne
sont rien pour l'expurgation et la réforme sanitaire. Il y faut des
siècles.

Sans doute, de grands et généreux efforts ont été faits ; beaucoup de bonne volonté a été dépensé ; les gouvernants s'y sont
énergiquement associés. Les élites des deux camps ont mis tout leur
cœur à cette œuvre d'oubli et de rédemption. Qui oserait néanmoins prétendre que nous touchons, dans les Colonies, à l'ère de la
fraternité ? 1848 n'a point partout inauguré l'abolition de l'esclavage, dans le calme et le recueillement. La Martinique se souvient
encore et de plus récentes explosions n'ont point été faites pour
effacer de douloureuses et sanglantes réminiscences.

A ces causes congéniales joignons les ferments propres à toutes
les agglomérations, en Europe comme dans les Colonies. L'inégalité éveille les convoitises. Les foules ne tiennent aucun compte
des lois économiques ; elles rêvent un idéal de bien-être qu'exas-
père la vue des jouissances qu'elles ne partagent point. Elles se
précipitent, par toutes les voies, vers cet idéal toujours rêvé et
jamais entrevu. En France, l'éducation et la pratique de la vie
publique peuvent régler et tempérer ces entraînements. Mais aux
Colonies, où la masse de la population est née d'hier à la vie
civile, où les affranchis vivent côte à côte avec les propriétaires
d'un sol qu'ils arrosaient naguère de leurs sueurs d'esclaves, où
l'inégalité et les contrastes sont peut-être plus frappants qu'ailleurs, quel doit être fatalement, nous le demandons, l'exercice de
la souveraineté du vote ? Que peut-elle donner à la France, pour
la confection de ses lois et pour son organisation sociale ? Songe-t-
on à ce que peuvent peser dans la balance les 9 voix que les Colonies
possèdent déjà et les 4 voix qu'elles apporteront au sein d'un corps

politique uniquement institué pour maintenir l'équilibre et enrayer les entraînements révolutionnaires !!

A ces nouveau-venus du suffrage universel, ne peut-on pas demander quels sont leurs droits à un tel privilége ? Contribuent-ils à toutes les charges du métropolitain ; payent-ils l'impôt d'argent et l'impôt du sang, signes particuliers auxquels on reconnaît le véritable citoyen ?

Mais le suffrage universel, dans les Colonies, porte, avec lui, de bien autres étrangetés encore.

Sa conséquence naturelle et logique est la démocratisation intérieure la plus complète. Tout se fait par l'élection, c'est-à-dire par le nombre. Conseils généraux et conseils municipaux sont le produit du suffrage. Plus libérale, pour ces pays lointains que pour ses propres enfants, la France, en même temps qu'elle partage avec eux, sur son territoire, la puissance souveraine, s'en interdit à elle-même l'exercice sur le leur. Les Colonies qui ont la représentation directe dans nos Assemblées, possèdent, en même temps, le privilége de l'Autonomie. Le cumul est exclu de nos lois : malgré cette exclusion, les Colonies sont cumulardes au premier chef. Dans tout état organisé, le budget est le nerf des institutions comme celui de la guerre. Tout y vient aboutir. Or, nos possessions lointaines dotées de la représentation directe, par leurs conseils généraux et municipaux élus, disposent souverainement de leurs budgets. Elles s'imposent comme elles l'entendent et appliquent, à leur gré, le résultat de leurs impôts. Recettes et dépenses, tout leur appartient. Nous les administrons sans doute ; mais nous ne touchons à rien de ce qui se perçoit sur leurs terres. Or, il est de vérité usuelle que celui qui tient les cordons de la bourse tient la vie et l'action.

De cette souveraineté budgétaire découlent des conséquences

faciles à prévoir et dont tout esprit clai rvoyant comprendra trop bien la portée pour que nous les développions ici.

Sans afficher un sot et ridicule orgueil de race, on peut bien affirmer que là où il s'implante, le génie européen devient, sans conteste, l'élément civilisateur ; qu'on doit lui laisser la place qu'il a conquise et que partout il doit être dominant et non dominé. C'est lui qui a fait les Colonies et qui les a faites ce qu'elles sont. Eh bien, dans les Colonies pourvues du suffrage universel, l'Européen est, politiquement parlant, absolument sacrifié. Voulue ou non voulue, c'est, par la force des choses, une véritable substitution.

Quelques créoles de nos grandes Colonies, haut placés par leur fortune et leur influence ont pétitionné autrefois pour que leurs pays fussent assimilés à la Métropole et représentés devant les Chambres. Ils se croyaient maîtres du terrain et sûrs du dévouement de leurs travailleurs qu'une administration paternelle avait attachés à leurs personnes. Les faits ont donné, comme on voit, un cruel démenti à leurs espérances.

Une organisation est jugée quand elle produit de tels résultats ; quand au lieu d'apaiser les antagonismes, elle les réveille, les entretient et les aigrit ; quand, au nom de l'égalité et de la liberté, elle organise, au sein de populations ennemies, ou tout au moins divisées, la domination et le privilége, non pas au profit des plus éclairés et des plus dignes, mais au profit des plus nombreux.

Un des caractères les plus essentiels à relever dans la représentation directe des Colonies, c'est qu'elle est sortie de la première révolution et qu'elle réapparaît à toutes les révolutions nouvelles. Ce qui la caractérise encore mieux, c'est qu'elle s'éclipse et sombre quand l'ordre renaît et que la France peut disposer d'elle-même, dans le calme et la maturité. La raison de ces retours périodiques se comprend de reste. Là est un magnifique appoint pour toutes les agitations et les revendications sociales. Que peut-il sortir de populations affranchies, si ce n'est de fiévreuses aspirations vers un monde nouveau et la réalisation d'un idéal impossible? Est-ce vers un semblable but que la France poursuit ses destinées? Sommes-nous des idéologues toujours hantés par les rêves? Le fond de notre génie national, c'est le goût des choses tempérées comme notre climat, c'est l'amour du progrès pourvu qu'il ne brise ni avec la raison ni avec la logique; c'est la défiance des innovations précipitées. Si nous subissons trop vite les entraînements de l'heure présente, nos retours, pour être moins rapides, n'en sont que plus sérieux et plus durables.

Jamais heure ne fut donc plus propice à l'examen auquel nous convions nos lecteurs. La France a pu se recueillir depuis les catastrophes des dernières années. Elle sait aujourd'hui par quels côtés elle souffre et ce qu'il lui faut arracher de son sein, parmi les institutions que lui a imposées le souffle révolutionnaire.

Il n'est pas inutile de se demander comment fonctionne dans les Colonies le suffrage universel; par quels agissements il procède, quels sont ses instruments et ses moyens d'action.

Aussi bien et mieux peut-être qu'en France, les meneurs d'élections fleurissent aux Colonies; ils disposent à leur gré de la masse inconsciente et soumise des votants qu'ils conduisent aux urnes. Maîtres absolus du terrain, mais trop habiles pour afficher un exclusivisme systématique, ils font montre d'impartialité et laissent le suffrage universel s'égarer parfois sur quelques notabilités européennes ou créoles entachées de modérantisme. Mais celles-ci convaincues de leur isolement et ne voulant pas courir à la défaite certaine de leurs convictions déclinent presque toujours les faveurs du suffrage et refusent de faire partie des assemblées locales. Il en résulte que si la composition des conseils coloniaux n'est pas absolument exclusive de l'élément européen proprement dit, elle se distingue du moins par une bigarrure où le foncé des opinions, si ce n'est de la peau, domine. Le recrutement des conseils municipaux en particulier, présente, dans les quartiers les plus éloignés du chef-lieu, des éléments tellement étranges que l'administration locale a dû plus d'une fois y pourvoir par des commissions de son choix.

Le fonctionnement du système électoral, au point de vue du chiffre des votants, doit naturellement se ressentir de cet état des esprits et de la diversité des éléments qui composent la population. Nous avons indiqué plus haut le nombre des électeurs inscrits. Les dernières élections se sont faites à des majorités qui représentent à peine le huitième du personnel électoral. Pourquoi un chiffre aussi abaissé? Il révèle encore autre chose que l'abstention européenne et semble indiquer que la masse commence à se fatiguer des stériles agitations qu'amène l'électorat. Il nous revient de toutes parts que les affranchis sont en flagrante délicatesse avec le suffrage. Ils n'accueillent plus qu'avec une répugnance marquée les ouvertures et les excitations des meneurs. Pourquoi se soumettraient-ils encore aux ennuis du vote et aux déplacements qu'il entraîne? Où sont les fruits de leurs complaisances et de leur abnégation? On leur avait promis un changemeut radical dans leur condition : la fortune allait leur sourire; l'avenir devait être pour eux l'avénement du bien-être. Mais ces riantes perspectives s'éloignent sans cesse; elles se dissipent comme la brume à l'horizon. Quelques privilégiés, ceux qui les ont conduits aux urnes ont seuls tiré parti de la grande réforme. Tout aveugles qu'elles soient, il arrive une heure où les foules raisonnent; de la déception elles ont bien vite passé à l'incrédulité, aux récriminations puis à la révolte. Les mauvais vouloirs se produisent et se manifestent en fin de compte, par l'abstention.

Quand les lois n'ont point leur raison d'être, quand elles sont réfractaires à l'organisme qu'elles ont pour but de régler, elles ne fonctionnent plus que d'un pas inégal et boiteux, jusqu'au jour où elles périssent d'elles-mêmes faute d'application. La désuétude les atteint et en fait justice avec le temps, à moins que le pouvoir souverain, mieux avisé, n'en débarrasse sans retard sa législation.

Nous déclarons n'appartenir à aucun parti politique. Nous ne sommes ni un sectaire enivré d'un principe et le poussant à outrance, ni un tardigrade confit dans son immobilité ou n'en sortant que pour marcher en arrière. Ce que nous voulons, c'est que les institutions de la France ne soient pas un outrage à la logique et au bon sens ; nous voulons surtout qu'elles n'éveillent pas à l'étranger, la stupéfaction qu'y éveille toujours l'oubli des principes élémentaires qui régissent partout les sociétés.

Passons maintenant aux arguments dont s'appuient les partisans du suffrage universel. Nous voulons une discussion loyale, ne tenant rien sous le boisseau, abordant franchement les difficultés et les mettant en lumière.

Voici, en résumé, leur argumentation :

Toute population française doit être représentée dans les conseils de la nation. Les Indiens, les hommes de couleur et les noirs affranchis de 1848, sont Français. Ils ont droit, par leur nombre, à une représentation directe. S'il est vrai qu'ils ne fournissent pas de contingent à l'armée, ce n'est point faute d'avoir sollicité cette charge patriotique. On a repoussé leurs sollicitations par des considérations budgétaires. Mais à défaut de cette contribution personnelle, ils sont soumis à l'inscription maritime et entretiennent sous le nom de milice, une force publique qui, à l'heure du danger intérieur ou extérieur, a vaillamment fait son devoir.

Les Colonies, loin d'être exemptes d'impôts, apportent au Trésor national, par les droits qui frappent leurs produits importés en France, une énorme contribution de 50 millions, alors qu'elles ne coûtent à la Métropole que 16 millions. Elles doivent, de plus, verser au Trésor l'excédant de leurs recettes locales et la France ne leur vient en aide qu'en cas d'insuffisance de leurs ressources. Leur commerce général s'élève à 245 millions, savoir 154 millions avec la mère patrie, 20 millions entre elles, et 74 millions avec l'étranger. Dans ce relevé ne sont pas comprises les Colonies de Madagascar, de la Cochinchine, de la Nouvelle-Calédonie, de Taïti et de Saint-Pierre-Miquelon. Ce vaste mouvement d'importation et d'exportation emploie 4,309 navires français jaugeant 872,000 tonneaux et montés par 17,000 hommes d'équipage. Et ces lointains pays si importants par leurs produits, par le chiffre de leurs populations et par l'immense développement de leurs relations commerciales; qui se rattachent à la Métropole par tant de liens et de si graves intérêts ; dont l'existence est si étroitement unie à la nôtre, à celle de la mère patrie, que rien ne nous touche, événements ou institutions, qui n'ait aussitôt son retentissement et son action directe sur leurs destinées ; ces pays n'auraient pas le droit de prendre part aux conseils de la nation, de délibérer sur la paix et sur la guerre aussi bien que sur la confection des lois qui traitent des personnes et des intérêts ? Que valaient, pour eux, les lois particulières qui les régissaient autrefois, la Délégation et le Comité consultatif des Colonies ? Impuissantes et inertes, elles n'ont jamais rien produit et il a fallu aux Colonies des représentants directs auprès de l'Assemblée pour que leurs voix fussent écoutées et leurs vœux satisfaits.

La composition des conseils locaux n'est point telle qu'on l'a faite. Si, à la Martinique, le Conseil général se compose en grande majorité de républicains, il n'en est pas de même à la Guadeloupe ni à la Réunion. Le parti ultra-conservateur et les monarchistes y dominent, et, dans cette dernière colonie, sur 24 conseillers, deux seulement appartiennent à la classe dite de couleur. Il est donc faux que l'avénement du suffrage universel ait amené, dans les conseils locaux et en France, le triomphe de la démagogie noire. C'est une calomnie dont il est temps de faire justice.

Nous croyons avoir reproduit, si ce n'est tout, du moins les principaux arguments de la thèse que nous combattons,

Nous répondrons d'abord par le principe qui domine tout, principe de tous les temps et de tous les peuples, auquel nous ne trouvons nulle part de dérogation, même au sein des nations qui jouissent du régime parlementaire et dont les tendances et les aspirations vers une liberté sage et pratique ne sauraient être contestées, Les Colonies sont des pays d'exception et comme telles doivent être régies par des lois particulières.

Nous appelons pays d'exception ceux qu'une énorme distance sépare de la Métropole ; qui procèdent d'une formation tout autre que la masse de la nation ; dont la population est multicolore, plus divisée encore par les sentiments que par la couleur ; où le travailleur est soumis à des lois particulières qui enchaînent sa liberté ; où les haines de race ne sont pas éteintes ; où le pouvoir exécutif a besoin d'être plus fort, mieux armé et moins contesté que partout ailleurs. A tous ces titres, la qualification de pays d'exception appartient aux Colonies. Loin de nous la pensée d'amoindrir leur importance agricole et commerciale ; seulement, nous dirons qu'on en argumente à faux.

Les Colonies versent 50 millions dans les caisses de la Métropole. Nous nous garderons d'ouvrir un débat sur les chiffres ; mais est-ce bien là un impôt proprement dit, une part de contributions aux charges de la nationalité ? Toute denrée importée en France, qu'elle provienne des Colonies ou d'ailleurs, paye des droits à l'entrée. Chaque importateur est frappé, qu'il soit étranger ou Français. Le raisonnement aurait certainement quelque valeur si nous vivions encore sous le régime qui liait commercialement les Colonies à la Métropole. Mais le pacte a été brisé sous les incessantes réclamations des colons. Ils ne sont plus tributaires obligés de la France. Ils peuvent vendre partout leurs produits et s'alimenter ailleurs que dans nos ports. S'ils dirigent sur la France leurs sucres et leurs cafés, c'est qu'ils y trouvent avantage et profit. Ils les transporteraient dans d'autres contrées que les 50 millions dont on argumente disparaîtraient avec eux. Il ne resterait plus que les 16 millions de subvention dont la France fait tous les frais... Quant aux excédants de budget local dont on a parlé, c'est là un mythe auquel n'atteindront jamais les Colonies. L'Inde seule pouvait le réaliser, grâce à la subvention anglaise ; mais elle est en chemin de ne plus bientôt se suffire à elle-même.

Le mouvement des affaires avec les Colonies s'élève à 145 millions. Nous le voulons bien ; c'est là, nous en convenons, un chiffre fort éloquent. Mais est-ce un élément bien sérieux de démonstration ? Les rapports de l'Angleterre avec l'Inde se comptent par milliards. L'Inde est-elle représentée au Parlement et à la Chambre des communes ? Nos relations avec toutes les nations du monde s'élèvent à des sommes plus considérables encore. Ce n'est pas sur de semblables calculs que peut reposer le droit à la représentation. Ce qu'il faut se demander, c'est si la prospérité, a richesse et l'importance que ces chiffres affirment ont, par le suffrage universel, leurs véritables représentants, dans les Colonies pour leur organisation intérieure, et en France pour la députation. C'est là précisément qu'est toute la question. Or, nous croyons avoir démontré que, sous ce rapport, c'est une institution condamnée.

Est-il vrai que, sans la représentation directe, les colonies seraient vouées à un arbitraire sans contrôle ; qu'elles végéteraient dans un mortel abandon ; que leurs besoins et leurs aspirations n'auraient point d'écho et que les populations opprimées n'auraient plus qu'à s'écrier : « *Dieu est si haut et la France est si loin !* » Ce ne serait donc que du suffrage universel que dateraient le bonheur et la prospérité des Colonies ? Quoi ! jusqu'à cet heureux avénement, les oreilles étaient sourdes, les sollicitations sans issue et les questions mal étudiées ? Ne méconnaissons pas à ce point les bienfaits du passé. Tout dédaigneux qu'on soit de la

Délégation et du Comité consultatif des colonies, tout impuissants qu'on les fasse dans leur œuvre de défense et de protection, il faut bien reconnaître cependant que les travaux, à leur avoir, n'ont pas été sans valeur et sans importance. Le département de la marine n'a jamais cessé de couvrir les Colonies d'une sollicitude vigilante, se pénétrant de leurs besoins, et inclinant au progrès avec une sage lenteur. Les réformes utiles ne sont pas celles qui s'improvisent ; elles ne sont durables qu'autant qu'elles ont été réfléchies et préparées avec l'aide du temps. Loin donc d'applaudir à l'action directe des Colonies sur l'administration centrale, il faudrait plutôt regretter que, sous cette pression, elle ait vu compromettre sa liberté et son indépendance. La Délégation apportait les éléments d'examen et préparait l'étude des questions. La Députation s'impose comme s'impose la souveraineté. Est-ce toujours au profit de ce qui est juste, utile et impartial ?

Hors de la représentation directe des Colonies point de salut pour elles, nous dit-on.

Eh quoi ! Ne sommes-nous donc point en République, ce règne de la Justice et du bon droit ? Si autrefois les administrations étaient inertes, indifférentes aux souffrances des masses, sans aucun esprit d'initiative, la République n'a-t-elle pas changé tout cela ? Aujourd'hui un souffle généreux anime tous les ressorts du Gouvernement. Le temps est au progrès et à l'examen des revendications légitimes. Les mille voix de la publicité laissent-elles la vérité sous le boisseau ? Est-il un acte d'arbitraire ou de violence qui puisse rester impuni ?

A quoi bon dès lors la représentation directe et ce suffrage universel dont nous venons de signaler tous les périls et toutes les inconséquences ?

Arrivons à un autre ordre d'idées et à un autre point de vue ;

au gouvernement et à l'administration intérieure de ces pays lointains.

Personne ne conteste qu'il ne faille, dans les possessions coloniales, une autorité forte, et puissamment armée. Parlant et agissant au nom de la France dont la séparent d'énormes distances, il faut qu'elle soit partout respectée et absolument libre de ses mouvements et de son action. L'ancienne organisation que l'on dit si vicieuse et si insuffisante pourvoyait à ces nécessités. En peut-on dire autant de la nouvelle ? Cinq années se sont écoulées depuis que fonctionne, aux Colonies, le suffrage universel. S'il était permis de fouiller les archives de la marine et de pénétrer dans les arcanes de la vie administrative ; si un œil curieux et investigateur perçait à jour les correspondances intimes échangées entre les administrations locales et l'autorité métropolitaine, que n'y verrait-on pas ? Tiraillements et conflits incessants, antagonismes et luttes sourdes, plaintes et récriminations. En face du représentant du pouvoir exécutif, se dresse la souveraineté du nombre qui dispose du budget local et peut entraver à son gré et même neutraliser les actes de l'administration. Celle-ci est forcément amoindrie et énervée. Elle ne relève plus seulement, pour l'appréciation de sa conduite, de ses supérieurs hiérarchiques qui siégent à Paris ; elle relève surtout des passions locales qui peuvent trouver en France des organes accrédités et puissants s'imposant comme partie intégrante du peuple souverain. Que deviennent alors, pour l'administration intérieure des Colonies, les volontés fortes et les intelligences supérieures ? Elles abdiquent ou sont brisées. Les gouverneurs sont ordinairement choisis parmi l'élite des corps civils et militaires. Ils offrent comme honorabilité et loyauté toutes les garanties désirables. Qu'on interroge tous ceux qui se sont succédé depuis cinq ans au gouvernement des Colonies dotées du suffrage universel. Nous maintenons qu'il ne s'en trouvera pas un seul qui ne déclare que faire vivre les Colonies de la vie politique de la France est un danger permanent et une déplorable aberration.

Il est une source précieuse d'informations, c'est l'enquête approfondie faite, sur les lieux, par les soins du département de la marine. Tous les corps de fonctionnaires ont été mis à contribution. Les Cours d'appel ont été appelées à se prononcer sur les projets d'organisation politique. Dans ces documents se trouvent toutes les garanties de lumières et de sincérité : Qu'on les consulte. Il est vrai que tout ce qui procède de l'autorité est aux yeux de beaucoup de gens absolument nul et sans valeur.

Les conseils locaux n'auraient-ils point la couleur que nous leur avons prêtée ? De toutes parts, cependant, on nous confirme dans l'opinion que nous avons développée plus haut. Nous ne voulons pas soulever des questions de personnes. Ce qu'on peut néanmoins affirmer, à coup sûr, c'est que, par sa composition, le suffrage universel peut et doit amener le triomphe de l'un des éléments de la population et l'écrasement de l'autre. Telle est la logique du nombre.

Les Colonies sont-elles vraiment soumises à l'inscription maritime? Sont-elles organisées en milices ?

L'inscription maritime n'englobe que les côtes et ne donne à la marine que de très-faibles contingents. La milice n'existe plus depuis longtemps. Comment l'aurait-on gardé dans les Colonies, alors qu'en France, et pour des raisons de sécurité publique, la garde nationale est abolie. Elle n'a d'ailleurs fonctionné comme institution active et régulière que sous le régime de l'esclavage.

Le décret de 1870 qui consacre le principe de la représentation directe en limite l'application à six Colonies seulement. Il en découle l'exclusion des autres. Cette élimination ne laisse pas que d'être quelque peu arbitraire. Elle est fondée sur le petit nombre des Européens qui habitent ces possessions lointaines et sur l'exclusion des autochthones.

En Cochinchine, les Indigènes forment une population nombreuse et assez avancée comme civilisation. L'organisation communale y existait depuis des siècles, avant notre prise de possession. Comme importance agricole et commerciale, comme source de revenus pour la métropole, et surtout comme perspective d'avenir, la Cochinchine occupe, parmi nos possessions d'outremer, une situation dominante. Pourquoi donc les Indiens sont-ils admis au suffrage et les Cochinchinois exclus?

Autres inconséquences à signaler.

A la Guyane, la population composite que l'on sait s'élève au chiffre de 24,127 âmes : Elle nomme un député.

Même observation pour le Sénégal.

Le chiffre de la population y est, d'après les tableaux officiels de 201,012. Pourquoi avoir compris, dans ce relevé, les populations autochthones qui sont cependant exclues du droit au suffrage? Est-ce pour dissimuler le chiffre restreint de la population française que cette confusion a été faite? Toujours est-il que cette population votante ne s'élève qu'au chiffre de 12 à 13,000 âmes ; parmi lesquelles 500 Européens au plus.

Le Sénégal nomme néanmoins un député.

En France, moins bien partagés qu'aux Colonies, il nous faut nous grouper au nombre de 36,000 pour jouir du même privilége, et si, comme c'est vraisemblable, la loi nouvelle diminue le nombre des représentants, c'est à 45 ou 50,000 qu'il faudra porter le chiffre de la population nécessaire à l'élection d'un député.

Voilà où mène la fièvre de l'assimilation. Elle conduit tout droit à l'absurde,

Ainsi, pour nous résumer, sur douze Colonies que la France possède, six, par un privilége plus ou moins justifié, sont investies du droit que nous contestons d'être représentées devant les Chambres ; sur ces six Colonies arbitrairement admises, trois jouissent d'une investiture dont la justification EST ABSOLUMENT impossible.

Que conclure de tout cela si ce n'est que le suffrage universel appliqué aux Colonies est un non sens et la plus malheureuse de nos erreurs politiques.

Nous terminons ici ce trop long examen. Notre but est surtout d'appeler l'attention sur l'importance et la gravité du sujet.

Qu'on se garde, dans l'étude de la question, du laissez-faire et du laissez-passer qui semblent être devenus le fond de notre caractère national. Que le fait accompli cesse de nous gouverner. Que le respect maladif des situations acquises et les considérations de personnes ne soient plus l'unique critérium de nos consciences.

Reconquérons enfin le bon sens, ce frère de lait du génie qui suffit à tout, quand l'esprit, qui n'est qu'un collatéral, sert à tout et ne suffit à rien.

Ainsi envisagée, la représentation directe des Colonies aura vécu.

Au moment de clore cette discussion, se dresse inopinément devant nous, comme un épouvantail, la constitution du Sénat. Serions-nous donc l'inconscient contempteur d'une assemblée en qui réside la souveraineté nationale et que nous entourons de tous nos respects ? En donnant à quatre Colonies le droit d'élire des sénateurs, n'a-t-elle pas tranché, par voie indirecte, la question de la représentation et déclaré, par là, l'inviolabilité du suffrage universel appliqué à nos possessions d'outre-mer ?

Qu'il nous soit pardonné pour cette irrévérente et involontaire atteinte. Notre justification est toute dans notre bonne foi.

La loi électorale, cette loi maîtresse de notre organisation politique, nous semblait encore entière. Aucun vote ne l'avait définitivement entamée. La constitution du Sénat a précédé la loi électorale. N'aurait-elle pas dû la suivre, puisqu'elle en était l'émanation et la conséquence.

Ne va-t-il pas sortir de là, quoi qu'on fasse, la plus étrange confusion où se puisse trouver une assemblée constituante pénétrée de ses devoirs envers le pays et envers elle-même ?

Admettons, pour un instant, que nos raisons la touchent; qu'elle sente les périls que nous signalons ; qu'elle soit frappée des maux que l'organisation présente appelle sur l'avenir des colonies.

Devra-t-elle, pour ménager un précédent, refuser toute satisfaction et toute justice. Devra-t-elle, par une sorte de respect humain et dans la crainte de se déjuger, maintenir, dans les organes de la vie française, un vice constitutionnel de caractère indélébile ? Entre deux maux ne faut-il pas choisir le moindre ? Le droit en lui-même est-il contestable ? Une assemblée constituante ne peut-elle corriger, par une nouvelle loi organique, les imperfections d'une loi précédente ?

Quelle serait, d'ailleurs, la conséquence d'une semblable résolution ? Quatre sénateurs en moins, mais nulle atteinte à la loi votée qui demeure intacte. Point de retranchement à opérer : le suffrage universel disparu, la disposition devient d'elle-même caduque, faute d'application possible.

Mais la constitution du Sénat maintenue, comme définitivement acquise dans toutes ses dispositions, l'Assemblée gardant, de son côté, sur la loi électorale, toute sa liberté d'action et en usant, que restera-t-il à faire ? A créer pour les sénateurs coloniaux un mode d'élection en dehors du suffrage universel. Les Colonies auraient ainsi leurs représentants à la Chambre haute seulement, honneur dont elles n'auraient certes pas à se plaindre.

Toutes ces questions nous les posons sans les résoudre.

La Chambre va donc se trouver en face d'une constitution faite et d'une constitution à faire. Reviendra-t-elle, dans la seconde, sur les dispositions arrêtées dans la première ? Est-elle libre ou est-elle enchaînée ?

Mais libre ou enchaînée, il est deux Colonies, le Sénégal et la Guyane, pour lesquelles elle pourra ressaisir toute sa liberté d'action. Rien ne la lie vis-à-vis d'elles, car elle les a exclues des élections sénatoriales.

Fussent-ils réduits à cet unique résultat, nous estimons que nos efforts n'auront pas été sans fruits.

FIN.

3196.75. — Boulogne (Seine.) — Imprimerie JULES BOYER.